JN411358

오늘의문학시인선
434

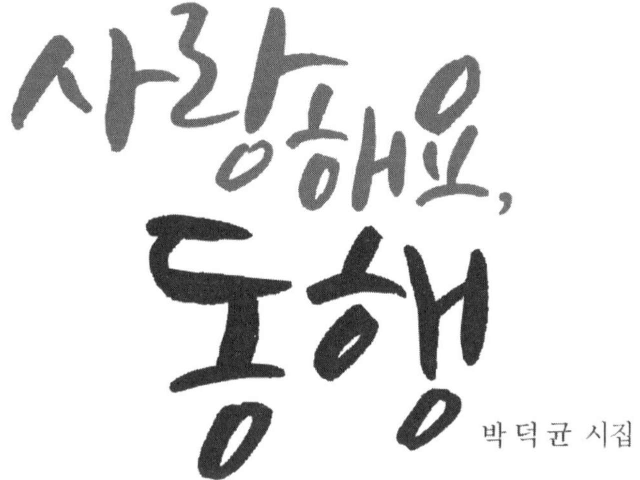

박덕균 시집

오늘의문학사

사랑해요, 동행

박덕균 시집

발 행 일 | 2018년 10월 15일
지 은 이 | 박덕균
발 행 인 | 李憲錫
발 행 처 | 오늘의문학사
출판등록 | 제55호(1993년 6월 23일)
주 소 | 대전광역시 동구 대전로867번길 52(한밭오피스텔 401호)
전화번호 | (042)624-2980
팩시밀리 | (042)628-2983
전자우편 | hs2980@hanmail.net
카 페 | cafe.daum.net/gljang(문학사랑 글짱들)

공 급 처 | 한국출판협동조합
주문전화 | (070)7119-1752
팩시밀리 | (031)944-8234~6

ISBN 978-89-5669-951-6
값 9,000원

이 도서의 국립중앙도서관 출판예정도서목록(CIP)은
서지정보유통지원시스템 홈페이지(http://seoji.nl.go.kr)와
국가자료종합목록시스템(http://www.nl.go.kr/kolisnet)에서 이용하실 수 있습니다.
(CIP제어번호 : CIP2018032941)

사랑해요,
동행

「송전탑은 거기에 있었다」라는 제목으로 시집을 낸 것이 엊그제 같은데 어느새 삼 년이란 세월이 훌쩍 지났습니다. 첫 번째 시집을 내면서 역량의 부족함에 많이 부끄러웠습니다. 그럼에도 불구하고 또 이렇게 두 번째 시집을 출간하는 데는 새로운 용기가 필요했습니다.

시라는 것이 알면 알수록 어려워지는 것 같고 쓰면 쓸수록 점점 더 두려워지는 것 같습니다. 하지만 직장의 고단한 업무 사이사이로 틈틈이 읽고 쓰기를 끼워 넣고 있습니다. 언제까지 읽고 쓰기를 할 수 있을지 모르겠지만 힘이 닿을 때까지 열심히 하다 보면 저도 언젠가는 사람들의 마음에 닿는 가슴 먹먹한 그런 시를 한 편 쓸 수 있지 않을까 하는 꿈을 꾸며 앞으로도 계속 읽고 쓰려고 합니다.

좋은 시를 위한 희망을 담아 두 번째 시집을 엮습니다.

늘 사랑과 행복이 충만하시길 기원합니다.

2018년 풍요로움이 넘실대는 가을 문턱에서

박 덕 균 올림

■ 목차

2부 사랑을 나누다

3부 고향의 강가

4부 봄비 오던 날

5부 계절의 어디쯤

6부 눈이 나립니다

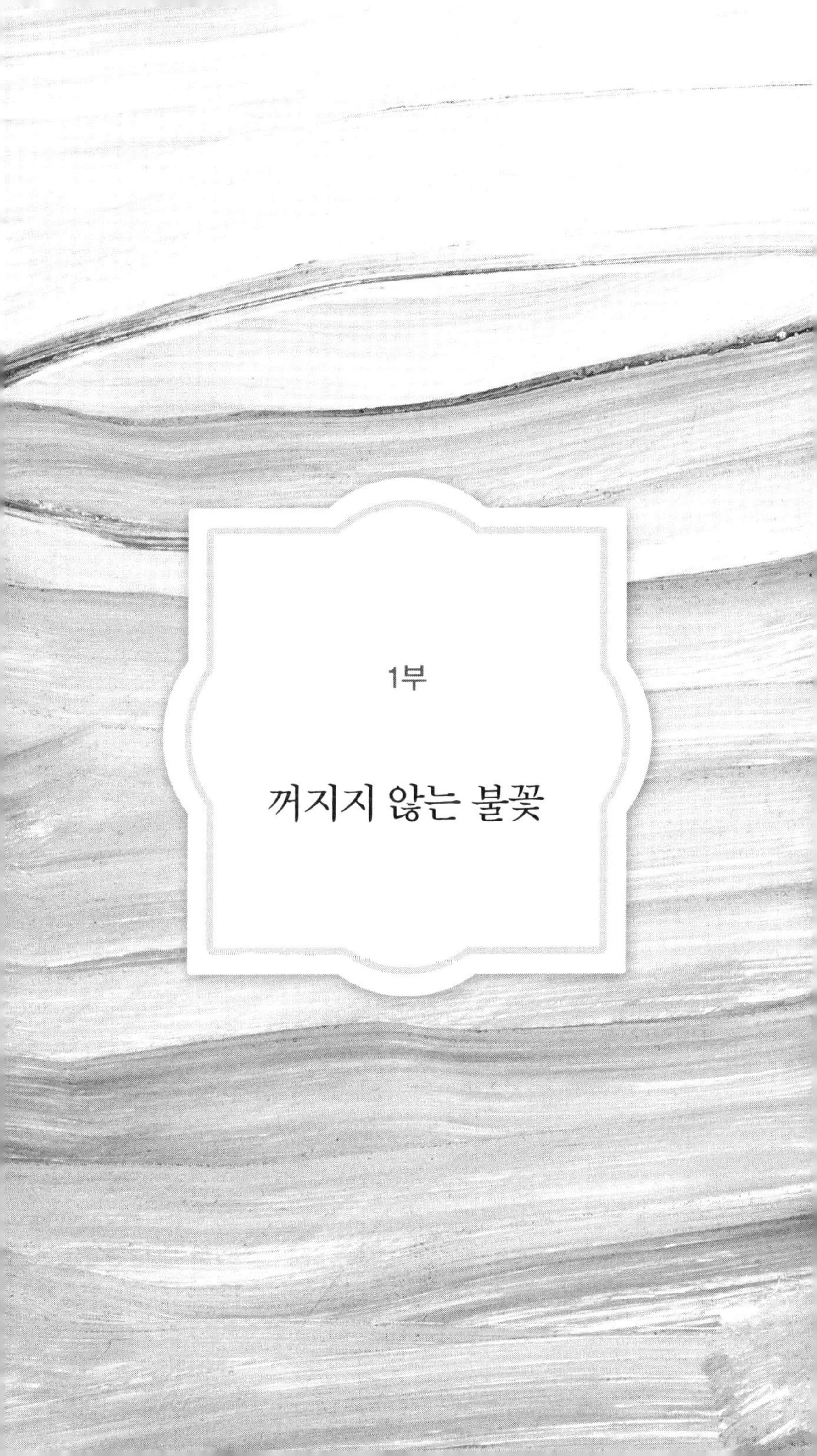

1부

꺼지지 않는 불꽃

사랑해요, 동행

사랑해요, 동행

동토에 칼바람 불 듯한 세상에도
행복은 있을 거라 하였지요.
동화 같은 세상이 있어서 그 세상이
행여 언제쯤은 오겠지 하였답니다.

인간사 새옹지마라 말들 하지만
문학에 대한 열정은 꺼질 줄 몰라
학업을 부업 삼아 희망을 좇고
동녘에 찬란한 빛 솟을 때처럼
아린 가슴 뜨겁게 부여안고
리라 꽃 향기 같은 꿈을 키웠지요.

사람이 꽃이라는 예쁜 말처럼
낭군님 기다리는 초저녁 새색시같이
해가 가고 달이 가도 떨리는 사랑으로
요지부동 그렇게 살 거랍니다.

동행이란 끝까지 함께하는 것
행복은 거기에서 오는 거랬지요.
동행이 사랑으로 가없이 꽃피는 날
행복한 세상이 올 거라 믿는답니다.

메모

또 글감을 잊어버렸다.
어제 동네 앞산인 북성산을 오르내리며
좋은 글귀가 떠올라 회심의 미소로 다짐했건만
산에서 내려와 일을 본다고 이리저리 돌아치다가
글 쓴다는 생각은 뜬구름이 되어 버렸다.

해가 뉘엿거릴 무렵 외박 나온 아들 복귀시키고
조금 늦은 저녁을 친구와 한잔 술로 때우니
몸은 천근만근에 정신은 오락가락에
무슨 글 쓸 정신이 있었겠는가.

야근하면서 문득 어제 산에서 떠올랐던
글귀를 생각해 내려니 아무리 쥐어짜도
도통 꿩 구워 먹은 소식이다.

모든 발단은 메모인 것 같다
젊었을 때는 기억력이라도 좋아서
웬만해서는 잊어버리는 일이 없었지만
지금은 다짐했던 것도 좀처럼 기억이 나질 않는다.

그것을 알면서도 메모는 먼 나라 이야기다.
메모 수첩을 하나 사야지 하고는 그거로 그만이고
펜과 노트를 항상 가지고 다녀야지 하고는
또 그거로 그만인 것이 몇 년이 되었는지
그 또한 도무지 오리무중이다.

물고기 연습

출근만 하면
떡밥을 먹는다.
물고기를 사육하듯
식당에서 떡밥을 준다.

매일 하는 밥인데
어찌 매일 떡이 되는지
신기할 따름이다.

변함없는 것이
좋은 것인지 나쁜 것인지
투덜거려도 적막강산이다.

물고기가 되는 연습이
언제쯤 끝나 거침없이
유영할 수 있을지 기약 없지만

오늘도 직원들은
의식 따위는 던져버리고
때가 되니 떡밥을 먹는다.

떡밥이 강으로 데려다줄지
바다로 데려다줄지 모르지만
오늘은 아니면 내일은 하며
물고기 연습생은 희망을 품고 산다.

별 보기

어려선 별을
누워서 보았는데
나이 들어선
별을 서서 본다.

어려선 별빛을
가슴으로 받았는데
나이 들어선 별빛을
머리로 받나 보다.

별과 별 사이

자정을 훌쩍 넘긴 시간
칠흑 같은 하늘가에
듬성듬성 별이 박혀있고
비행기 하나 끔벅끔벅
굼벵이처럼 지나고 있다.

별과 별 사이
몇백만 광년 떨어져 있다는 거
다 뻥이다.

이 별에서 저 별까지
게으른 비행기도
채 일 분도 걸리지 않더라.

세상살이

처음 세상에 나왔을 땐
한 송이 꽃이었어.
관심과 사랑을 치장하며 살았지.

그때뿐이라 생각했어.
점점 세상을 알게 되면서
혼돈의 세월이 슬픔을 알게 했지.

홀로서기를 시작했어.
세상 속에서 부대끼며 살아도
세상과 타협할 줄 몰랐지.

세상엔 사랑과 기쁨보다
미움과 슬픔이 더 많다 하며
외로움에 허덕이고 살았지.

그런데 인생의 가을이 왔어.
문득 지난날을 되돌아보니
슬프고 외롭지만은 않았지.

세상엔 사랑도 넘쳐나고
마음속에도 사랑은 넘쳐났어.
그걸 모르고 몸부림만 쳤던 거지.

봄 여름 가을 겨울이
저마다 의미가 있고 아름답듯이
살아온 날들도 아름다웠던 거야.

그게 세상살이인 것을

비움에 대하여

비워야 한다는 걸 알면서, 사우나 열탕 속에서 새삼스레 비워야 함에 대해 고심을 한다. 온전한 행복은 온전히 비워야 오는 것이라지만 그것은 논리로만 존재하는 것은 아닌지, 아무리 머리를 굴려 봐도 의문이다.

살면서 산다는 것에 대해 얼마만큼 이해하고, 얼마만큼 만족하고 사는지가 행복과 불행의 척도라지만, 산다는 것 자체가 희로애락 생로병사와 동고동락해야 하는 것인데 온전한 비움이란 어불성설인 것 같다.

부처님과 예수같이 깨달은 분들도 중생들과 신도들 걱정 때문에 온전히 비웠다고 생각하지 않는다. 천국과 지옥이 있다는 게 반증이 아닐는지. 온탕과 냉탕을 오가며 잡념은 돌아간다.

– 산문시

세월을 잊다

언젠가
신발을 잃어버리고
갈 곳을 몰라
한참을 방황했었지.

그런데 이번엔
시계를 잃어버렸어.

시간을 모르니
세월 가는 줄 몰라
어쩌면 그게 낫다는
생각도 들어.

사랑하지만

보고 싶다는 말
안 하렵니다.

좋아한다는 말
안 하렵니다.

지금 이 떨림이
사라질 것 같아서.

양 섬

햇살 반짝이는 백사장에
크고 작은 자갈밭이 듬성하고
포플러 숲 옆으로
땅콩밭이 끝없이 이어지던 곳

모래성 쌓고
다슬기, 비단 조개 잡고
낄룩이 알 줍고
물장구치며 송사리와 놀던 곳

충주댐 들어서며
물놀이도 비단 조개도 사라지고
사대강 사업으로
모래밭 자갈밭도 사라지고

야구장이 생기고
자전거 도로가 생기고
수상레저 바지선이 생기고
낚시꾼들이 강가를 수놓았다.

수수꽃다리

임 그리는
사무친 가슴
삭히고 삭히며
언제나 웃는 모습으로
모진 향 피웠기에
정향(丁香)이라 불렀다지.

행여
슬픈 모습 보이면
임의 마음 상할까봐
안으로 안으로
쓰디쓴 세월 감추었기에
잎은 첫사랑 맛이라지.

오지랖

이건 이래서
못마땅하고
저건 저래서
못마땅하고

이건 이래서
참견하고
저건 저래서
참견하고

참, 오지랖도
지랄이다.

짝짓기

여리디여린
보기도 안쓰러운
실낱같은 몸뚱이로
사랑을 한다.

사랑은
역경을 초월한다지만
무디고 무딘 것이
사랑이라지만

옥상 방수 피(皮)가
생명수인 줄 알고
세상사 흐르는 대로
열렬히 사랑을 한다.

※ 실잠자리 짝짓기 모습을 보면서

친구

오랜만에 찾아왔는데
별로 할 얘기가 없다.

어찌 지내느냐
바쁘냐 하는
그런 상투적인 것일 뿐

그런데 뜬금없이
사는 게 재미가 없단다.

일을 해도 재미가 없고
놀아도 재미가 없고
술을 마셔도 재미가 없다고

넌 어떠냐는 물음에
그냥 쓴웃음만 나온다.

나는 별다른 줄 아나 보다.

첫사랑

오십 중반은 지난 듯싶은데
첫사랑 만나러 간다고
미용실이 호들갑이다.

나름 멋을 부려 보지만
얼굴은 세월에 시들고
몸도 머리도 아니다 싶은데

아린 가슴으로 묻어둔
애틋한 그리움을
굳이 깨트리려 함이 안쓰럽다.

애써 들춰낸들
꼭 아픔이랄 수는 없지만
두근대는 설렘은 또 어쩌나?

추억은 소중한 대로
환상은 아름다운 대로
예쁘게 간직하면 좋으련만

아무렴 어떠랴!
너무너무 좋아 보이는데
첫사랑과 사는 난 마냥 부럽다.

환풍기가 늙어간다

사무실의 화장실
환풍기가 늙어간다.

기계도 나이를 먹으면
퇴화하기 마련이기에
때가 되었나보다 하지만
쉽게 갈아치우지 못한다.

스위치를 켜면
처음엔 묵묵부답이지만
기력을 모으는지 웅~웅~ 대다
이내 끄덕끄덕 꼼지락거리고는,

그래도 예전엔 싱싱했다고
과시라도 하는 듯
퍼드득 기지개를 켜고
쌩쌩거리며 잘도 돌아간다.

환풍기에도 정이라는 게
있다고 장담할 수 없지만

조금만 더 조금만 더 하면서
하루라도 더 견디라고 힘을 보탠다.

환풍기가 늙어간다.
그 옆에서 나도 늙어간다.

정상회담

원래 하나이던 땅덩이가
둘로 갈라진 지 65년 만에

두 땅덩이의 수장들이 만나
하나가 되길 기원했다.

평화를 위협하던 숱한 가슴앓이를
어찌 다 말로 할 수 있으랴만

분단의 아픔을 환한 웃음으로
풀어볼 날 뜨거운 가슴으로 안아본다.

“노가다”

청춘에 “노가다”를 전전하더니 중년도 “노가다”를 배회한다. 하는 일도 “노가다”과지만, 노는 것도 “노가다”과들과 놀고 술 한 잔도 “노가다”과들과 즐긴다.

삼십에 얻은 직업이 공무원이라지만 그 또한 “노가다”와 진배없으니 청춘을 어찌 보냈는지가 관건이다. 돌아갈 수만 있다면 열심히 공부할 것이라 큰소리하지만 어찌 장담할 수 있으리오. 첫발을 내딛는 것이 인생을 좌지우지한다는 걸 진작 알았더라면 바뀔 수 있었을까?

옥상 피뢰침에 걸린 반달과 담배 한 대를 마주하며 “노가다”의 지난 추억을 더듬어 본다. “노가다”로 출세는 못 하지만 그래도 “노가다”는 정이 간다. 내 인생도 “노가다”와 함께 했으니.

- 산문시

평창 동계올림픽

지구촌의 겨울 축제가
17일간의 일정을 마치고
성황리에 막을 내렸다.

인종, 종교, 이념의 차별 없이
인류의 평화와 친선을 도모하여
우정과 우애를 다지는 올림픽

92개국 2,925명의 선수가
15개 종목 102개의 메달을 놓고
4년 동안 갈고닦은 실력을 뽐내면서

선수와 관중이 다 같이 어울려
환호하고 포효하며
웃음과 눈물로 하나가 되었다.

설상과 빙판을 가르며
메달과 순위를 떠나 끝까지
포기하지 않고 최선을 다하는 모습

그것은 세상 그 무엇과도
견줄 수 없는 아름다움이었고
각본 없는 최고의 걸작이었다.

2018 평창 동계올림픽은
희망을 심고 꿈을 키워가는
세계인의 파노라마 퍼레이드였다.

꺼지지 않는 불꽃

세상엔 꺼지지 않는 불꽃이 하나 있어요. 그것은 농민의 마음이에요. 농민의 가슴은 늘 타고 있어요. 가뭄이 들어도 타들어 가고 바람이 불어도 타들어 가고 오늘처럼 이렇게 비가 많이 오는 날은 더욱더 맹렬히 타들어 가요.

불꽃의 중심엔 사랑의 불씨가 숨을 쉬고 있어요. 농민의 가슴에서 타는 불꽃은 열정이에요. 열정은 사랑의 불씨를 먹고 살아요. 그래서 열정은 장마를 이겨내고 태풍을 이겨내고 가뭄과 한파도 이겨내죠. 농민의 열정은 바로 사랑이에요.

우리는 늘 사랑을 먹고 사는 거예요. 농민의 가슴에 사랑의 불꽃이 꺼지지 않는 한 사랑을 먹고 자란 곡식들과 사랑을 먹고 자란 온갖 채소와 과일들이 우리의 식탁을 사랑으로 채워 우리의 몸과 마음을 사랑으로 감싸주는 거예요.

- 산문시

2부

사랑을 나누다

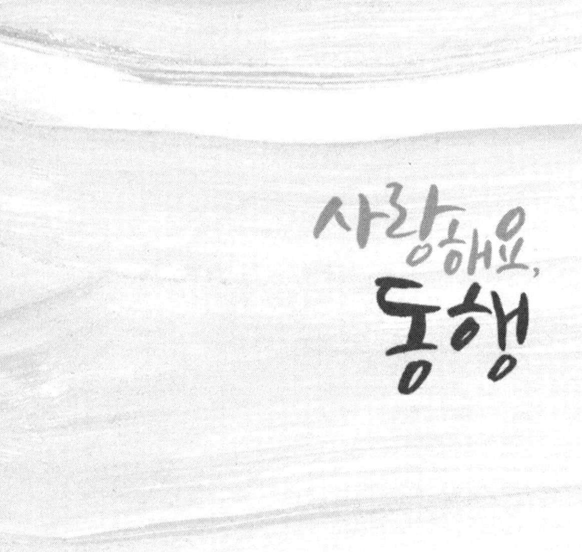
사랑해요,
동행

흔들림의 미학

흔들린다는 건
살아있다는 거다
살아있다는 건 간절한 거다.

흔들린다는 건
삶의 몸부림이다
몸부림친다는 건 절실한 거다.

생명이 없는 건
아무리 애를 써도
스스로 흔들리지 않는다.

흔들린다는 건
진정한 사랑이다
진정한 사랑은 행복한 거다.

출장 가는 길

시큰둥한 아침을 보내고
피치 못해 나선 출장길
찌뿌둥한 몸을 추스르며
내 할 일, 누가 해주랴.
가야지 선선히 가야지
이렇게 마음을 달래본다.

라디오에서 흘러나오는
노랫소리에 흥을 돋우며
손장단에 어깨를 들썩이니
도로와 차가 한결 가벼워지고
차창 밖으로 산들거리는 바람에
흙내음, 꽃내음이 물씬거린다.

업무에 지치고 민원에 지친
천근의 어깨는 이미 사라지고
산과 들에 지천으로 흐드러진
꽃들에 정신이 어리버리한데

비가 내린다, 그것도 꽃비가
분홍, 연분홍, 흰색 꽃잎이
하늘하늘 세상을 수놓는다.

사랑을 나누다

이년 육 개월 오로지
사랑을 나눈다는 일념으로
머리를 길렀네.

파마도 하지 않고
염색도 하지 않고
정성을 다해

백혈병으로 힘들어하는
어린 새싹들을 생각하며
사랑을 키웠네.

자매 같은 직장동료
둘이서 마음을 맞잡고
무던히도 참아내며

사랑과 정성으로
한 땀 한 땀 길러낸
이십오 센티미터

소아암 어린 친구들에게
햇살 같은 웃음을 주고
예쁜 희망을 주었네.

※ 머리카락을 기부한 김남호와 김지은을 칭찬하며.

술

너에게 연연하기 싫었어.
하지만 널 미워한 적은 없었지.
아니 널 항상 보고 싶어 하면서도
애써 외면하려 했어
반전이었지.

힘들 땐 위안이 되어 주고
아플 땐 친구가 되어 주었는데
왜 마음을 닫으려 했는지 몰라.
알아, 너도 힘들다는 걸
그래서 잊으려 노력했던 것 같아.

미안해
잊을 수가 없었어.
부담을 주려 했던 건 아닌데
기피한다고 멀어지나
아니야, 갈증은 점점 더 심해졌어.

참았지
참고 또 참았어
그런데 그게 정답은 아니었어

참는다는 건 고통이야
보고픔은 그리움의 시작이지
그걸 몰랐던 거야.

12410

우물가 인연이
어느새 일만이천 하고도
사백일십일

지지고 볶으며
산다는 게
지겨울 만도 한데

무더울 때 가을을 그리고
엄동 때 봄을 그리듯
늘 그리운 건

굳이 운명이라
말하지 않더라도
소중한 만남이라 하겠네.

※ 아내와의 만남 34주년을 기리며

백지

가끔은 하얀 나라에 그림을 그리고 싶다. 시리도록 아픈 가슴 부여안고 차마 뱉지 못한 말 응어리진 핏덩이를 토해내듯 그렇게 그리고 싶다.

손바닥 두 개면 가득 차는 조그마한 공간을 들여다보고 또 들여다보고는 끝내 그림 하나 못 그리고 돌아서야 했던 그 숱한 날들에 설움이 앞선다.

어스름 새벽빛에 젖은 물안개처럼 잡힐 듯 잡힐 듯한 영상, 이젠 마음을 접을 만도 한데 문득 문득 아지랑이처럼 스멀거리며 피어나는 그리운 아쉬움

오늘 또, 하얀 나라와 맞서고 있는 여린 심장은 자꾸만 커져가는 백토에 눈을 부라리며 콩닥거리는 두려움을 날려버리고 작은 그림을 하나 그리려 기를 쓰고 있다.

- 산문시

동행

산다는 건 홀로서기다.
축복의 씨앗 하나가 벌거숭이로 태어나
사랑을 먹고 자랐으되 한평생 사랑을 찾아 헤맨다.

그 길에서 우리는 홀로서기들을 만난다.
배움의 길에서 의무의 길에서
또는 출세의 길에서 그리고 황혼의 길에서

홀로서기들은 외롭다.
아니, 아프다 못해 슬프다.
외양간에 묶여있는 병든 소의 짓무른 눈곱처럼

그래서 홀로서기들은 동행을 찾는다.
벗으로 동료로 또는 연인으로
한발 나아가 동아리로 또는 조직으로

콘크리트 숲의 답답한 세상에서
깨진 사금파리처럼 시퍼런 세상에서
길을 같이 할 이가 없다는 건 참으로 눈물겨운 일이다.

빨리 가려면 홀로 가고
멀리 가려면 함께 가라는 말처럼
동행이 있다는 건 얼마나 정겨운 일인가.

동행이란
비 오는 길을 걸을 때 우산을 받쳐주기보다는
비를 맞으며 함께 걸어주는 것이다.

하여 우리의 동행이
한평생 사랑을 찾아 헤매기보다는
서로와 이웃과 세상에
사랑을 듬뿍 나누어 줄 수 있기를 빌어본다.

좋은 인연

길을 가다가 옷깃만 스쳐도
삼생에 한 번 있을까 말까한 인연이라는데
한 하늘 아래 한동네 한세대에 살고 있는 우리는
얼마나 많은 인연이 있는 걸까요?

인연이란 참으로 묘한 것이어서 어느 누구도
인위적으로나 의도적으로 만들 수 없는 것
원인이 있으면 결과가 있듯이
모든 인연은 인과에 의해서 이루어진다는데
인으로 이어진 연이나
인으로 이어진 과나 같은 의미가 아닐까요?

길가의 풀 한 포기, 꽃 한 송이도
허투루 볼 수 없는 인연인 것을
그것이 어떤 인과에 의한 인연일지라도
악연이 아니었으면 좋겠고
슬픈 인연이 아니었으면 좋겠습니다.

세상에서 가장 소중한 인연이 있다면
내 부모, 내 아내, 내 자손이겠지만
고귀하고 소중한 인연만 있지는 않을 테지요.
시절 인연이라는 말이 있습니다.

굳이 애를 쓰지 않아도 만나게 될 인연은 만나게 되고
애를 써도 못 만날 인연은 만나지 못한다는 말입니다.

마음은 쉼 없이 흐르는 강물 같아서
때론 바위에 부딪치기도 하고 보에 걸리기도 하지만
아프면 아픈 대로 슬프면 슬픈 대로
그냥 그렇게 흘러가는 것입니다.
한세상 살면서 만드는 인연들이
소중한 인연은 되지 못할지언정
얼굴 붉히지 않고 반가운 눈웃음 한 번 나눌 수 있는
그런 인연이었으면 좋겠습니다.

사람에게는 누구나 자기 자리가 있듯이
사시사철 늘 푸른 소나무처럼 있는 듯 없는 듯
그렇게 묵묵히 그 자리를 지키며
회색빛 표정 짓지 않고 슬픈 표정 짓지 않는
그런 인연이었으면 좋겠습니다.

삼생의 인연이 달이 차고 기울 듯
언젠가 온 곳으로 다시 돌아가면
흙과 물과 바람으로 다시 만날 우리들
봄바람에 꿈틀대는 새싹에게 따스한 햇살을 주듯
그런 좋은 인연이었으면 참 좋겠습니다.

동족

비가 온다.
지랄 맞게

오늘 같은 비는
때려주고 싶다.
사정없이

하지만 지금 난 그 비에
흠씬 두들겨 맞고 있다.

일부러 시간을 내어도
생각지 못할 작업을
일에 쫓기면서까지
떨쳐버리지 못하는 것은
저 염치없는 비 때문

비가 온다.
처절하게

지난날을 되돌아본다는 것
참으로 못할 짓이다.

내세울 것도 없는 날들
빗방울의 파랑처럼
펼쳐지고 흩어지고

창밖의 비
창안의 비.

지옥문

열지 마!

많이 아파.

인생

스산한 밤바람이
왠지 좋더니

가던 길 끝없음을
알지 못했네.

머언 먼 뒤안길은
뵈질 않는데

갈 곳을 모르고도
쉬질 못하네.

밤샘 근무

사흘 도리로 돌아오는 야근
오늘도 두서없는 멍 때림으로
밤을 채우고 있다.

쉼 없이 돌아가는 기계들은
어떤 의미도 부여받지 못한 채
의무감으로 가쁜 숨을 토하고

허기진 의자의 낡은 삐걱거림에
간간이 꽉 막힌 정적이 찢어져
늘보가 된 눈꺼풀이 불안하다.

쪽잠의 달콤함을 기다리는
간이침대도 벽 너머에서 조는데
시침은 한참이 지나도 제자리고

사계절을 한결같이 보듬느라
여기저기 상처뿐인 홑이불이
캐비닛이 무섭다고 목 놓아 운다.

밤은 또 그렇게 지나가는데
근무라는 멍에가 빙글거리며
사흘을 재촉하는 해를 쫓는다.

떠나고 싶다

쪽빛 하늘 너머로 정처 없이
떠다니는 구름이고 싶다.

쳇바퀴 속의 다람쥐는
이제 그만하고

우물 안의 개구리도
이제 그만하고

인연의 끈 놓지 못해
안달하는 삶 야멸차게 끊어

세상 그 무엇도 거칠 것 없는
한 줄기 바람이고 싶다.

술꾼

만나지 말자면서
은근히 기다리고

집으로 곧장 가자면서
발길은 친구를 찾고

이제 그만 마시자면서
무심결에 또 한 병 더

먼저 한 얘기 또 하고
지난 얘기 또 하고

지겹다 지겹다 하면서
왜 또 거기에 있는지.

오류에 대한 강박

컴퓨터 화면에 백지를 올려놓고는
손가락 하나 까딱 못하고 목석이 된다.
며칠 전 밤늦게 문득 떠오른 글귀가
도무지 오리무중이다.

취중이라지만 참 좋다고 느끼며
내일 꼭 쓰자고 다짐하고는
메모를 못 한 것이 끝내
까마귀밥이 되어 버렸다.

바쁜 일상을 돌아치면서
잃어버린 기억을 떠올린다는 것이
그리 쉽지만은 않겠지만
예전엔 이 정도까진 아니었다.

머릿속이 온통 옹벽인 듯
흐릿하고 먹먹하고
졸음에 쫓기는 뇌세포처럼
멍 때리고 있다.

쉴 틈 없는 민원과 업무
쉴 틈 없는 알코올 레이스가
아킬레스건이 되어
영혼을 갉아먹고 있는 건 아닌지

그렇게 또 하루를 보냈다.

시련의 봄

혹독한 겨울이 지나고
생명의 봄이 싹틀 줄 알았는데
시련의 봄이 들이닥쳤다.

하나밖에 없는 아들놈이
겨우내 디스크로 고생을 하고는
우여곡절 끝에 입원치료를 받고 있는데

봄이 오면서 집사람이
갑자기 몸져누워 진단을 받으니
갑상선항진증이라 한다.

가족이 항상 무탈하기를 바란다는 게
나만의 욕심일 수도 있지만
모자(母子)가 나란히 병이 나니 가슴이 아리다.

몸이 아프면 짜증이 나기 마련이라
아들놈에게도 뭐라 못하고
집사람에게도 뭐라 못하고

할 일이라곤 그저 지켜보는 일뿐
나마저 병이 나지 않기를 빌어보는 일뿐
아무것도 할 수 없다는 것이 너무나 답답하다.

누구를 원망하고 무엇을 원망할 것인가
세상의 신들은 다 뭐하고 사는지 모르지만
하루빨리 쾌차하여 활짝 웃기를 기원해 본다.

만남

만남은 삶이다.

삶이란
엘피판의 바늘처럼
나이테를 되돌릴 수도 없고
뛰어넘을 수도 없는 것

한 치의 착오와 오차도 없이
쉼 없이 돌아가는 인생살이에서
우리는 한순간도 만남을 거절할 수 없다.

원하든 원치 않든
숨결이 있든 없든
티끌만한 의미를 부여하든 말든

그것이 그저
스쳐 지나가는 한 줄기 바람일지라도
만남을 부정할 수는 없다.

아프면 어떠랴
절절하지 않으면 어떠랴
그냥 그대로 만남은 소중한 것

자잘한 삶의 한 언저리에서
그래도 그대를 만난 건
온전히 행운이고 축복인 것이다.

※결혼 23주년을 기리며

궁합

꽃이 피고 지는 건
땅의 기운 때문
하지만 땅의 기운은
하늘의 운명

하늘이 기쁘면
땅도 기쁘고
하늘이 슬프면
땅도 슬프다.

만물의 생멸은
하늘의 천변만화에 따른
땅의 수긍에 기인하나니
하늘과 땅은 궁합이 제일이다.

꽃이 웃으면 세상이 따뜻하고
꽃이 울면 세상이 시린 것
하여 하늘은 늘 땅을
사랑으로 배려해야 한다.

어쩌란 말이냐

말을 하면
잔소리 한다 하고

말을 안 하면
대화가 없다 하고

고쳐라 하면
트집 잡는다 하고

맘대로 하라 하면
삐졌다 하고

도대체
어쩌란 말이냐!

장날

파는 사람도 등산복
사는 사람도 등산복
구경꾼도 등산복

빨강에 파랑
자주에 노랑
연두에 분홍

사계절 구분 없이
노소 구분 없이
장마당이 온통 꽃동산.

3부

고향의 강가

사랑해요, 동행

아줌마의 힘

"여보,
열대야 좀 갖다 버려."

"알았어요."

잠시 후
금방 잠이 들었다.

추석

대대로 내려오는 명절
우리 민족 최대의 명절
늘 한가위만 같기를 소망하던
중추가절이 변해가고 있다.

가족 친지들 여기저기 둘러앉아
차례 음식을 만들던 모습은 사라지고
허리 꼬부라진 늙은 어미만
자식들 줄 음식준비에 등이 받친다.

햅쌀을 빻아 빚던 송편은
방앗간이나 떡집에서 사고
부침개나 전(煎)들은
음식점이나 마트에서 산다.

성묘를 미리 다녀왔다고
여행가는 건 그나마 다행
바빠서 못 간다, 폰만 날리고
국내로 타국으로 놀러들 간다.

"세상이 바뀌었으니 누굴 탓하나?"
깊은 한숨으로 먼 산만 보는 아재
"이 짓도 우리 대가 끝이여." 하며
휑한 대문간만 공연히 비질을 한다.

집안일

꼭 해야지 다짐하고는
할까 말까 망설이다
하루 까먹고

무엇부터 해야 하나
두루두루 고민하다
또 하루 까먹었네.

막상 벌여 놓고는
후회하고 투덜대다
하루 까먹고

하나 치우면 두 개 밟히고
두 개 치우면 네 개 밟히고
뭔 놈의 일이 해도 해도 끝이 없네.

고향의 강가

강물에 내려앉은 햇살이 눈부셨다.
대문만 열면
대청마루에서도 고개만 들면

이른 아침 눈 비비고 일어나
세수하러 가는 곳
양섬이 하얗게 웃고 있는
북간도라는 작은 마을 앞 강가

봄 여름 가을 겨울 탓하지 않고
언제나 윤슬에 젖어 있는 곳
반짝반짝 고운 꿈을 심어주는
달팽이 꼬무락거리는 예쁜 강가

강물에 내려앉은 달빛이 눈부셨다.
자갈밭에 모여 앉은 친구들의 눈처럼
대청마루에 앉아 계신 어머니의 눈처럼.

아프지 마!

여보,
제발 아프지 마!

그래야 오래도록
티격태격 아옹다옹
싸우며 살지!

선물

야근하고 돌아오니
거실장 위에 못 보던
꽃이 보인다.

손바닥만한 화분에
푸른색과 분홍색의 안개꽃이
곱살하게 피어있다.

뭔 꽃이냐 하니
아들 녀석이 사다 준
어버이날 선물이란다.

휴가 나온 녀석이
제 쓸 돈도 부족할 텐데
자식 노릇을 한 모양이다.

무슨 처리를 해서
삼 년이나 가는 꽃이라니
이제 카네이션은 물 건너갔다.

접시의 비행

접시는 주방에만 있었다.
곱게 화장을 하고 찬장에 다소곳이 있다가
허기가 기승을 부릴 때쯤 조심조심 식탁에 앉았다.
잠시 수다와 더불어 허기를 메우곤 했는데
운명인 듯 그렇게 한세상을 보냈다.

그런 줄만 알았던 어느 날
접시는 가출을 감행했다.
건물 옥상으로 또는 담장 위로 돌아치더니
아파트 베란다 난간을 붙잡고 살기 시작했다.
간혹 여린 것들은 아예 깊은 산골에 정착하기도 했다.

비행에 성공한 그들은 전파를 탔다.
식탁에만 살던 그들이 어찌 전파를 탈 줄 알았을까
아무도 몰랐다.
그들의 가출에 대해 또는 전파에 대해
그것을 꿈꾸며 살았다기에는 너무 맹랑했다.

그들이 타는 전파는 환상이었다.
마법의 가루를 뿌리듯 네모난 스크린에 전파를 뿌려
어린이에게는 꿈을, 아줌마에게는 정을,

할머니에게는 위안을
그리하여 모든 이에게 사랑을 주었다.
그 전파는 희로애락을 실어 나르고 있었다.

접시의 가출은 삶이었다.
그 누구도 상상을 못 했지만
그 누구도 희생을 강요하지 않았지만
접시는 자신을
스스로 세상에 내 던져 봉사를 실천하고 있었다.
그것이 세상에 행복을 주는
따스한 빛인 줄도 모르고.

베란다

방충망을 제치니

세상이 참 맑다.

낙의 상실

일상이 아무리 바빠도
차 한 잔의 여유는 있다는데
요즘은 그걸 어디서 찾아야 하나
둘러봐도 막막하기만 하다.

글 쓰는 것도 잊어버리고
책 읽는 것도 소홀하고
텃밭을 일군다거나
나들이를 가는 것도 시들하고

그저 기계처럼 일하고
기계처럼 마시는 것이 고작으로
세상 모든 것이 의미 없이
스쳐 지나갈 뿐이다.

주변의 그 어떤 것이라도
작은 의미나마 주고 싶은데
소소한 일상일지라도
소소한 낙(樂)을 찾고 싶은데

갈 길은 멀고 날만 뜨겁다.

태극기 1

광복 70주년
평상시 깜박하던
태극기를 전날 걸었다.

자기야!
태극기가 구겨졌잖아
다려서 걸어야지.

냅둬,
태극기도 맘이 아파서 그래
세상이 다리미로 다려지냐?

하긴~~~.

태극기 2

여보!
태극기가 쭈그렁바가지야.

걔도 늙어서 그래.

그럼 복지혜택 받나?

해주겠지.

세금 또 오르겠네.

한잔의 미학 1

살면서 한잔의 짜릿함을 느껴보지 않은 사람이 있을까? 하루 여정의 끝에서 한잔에 고단함을 풀어 빈속에 털어 넣는 기쁨을 모르는 사람이 있을까?

외로워서 마시는 잔엔 서글픔이 들어있고, 짜증 나서 마시는 잔엔 껄끄러움이 들어있고, 괴로워서 마시는 잔엔 아픔이 들어있다. 슬퍼서 마시는 잔엔 눈물이 들어있고, 화나서 마시는 잔엔 성깔이 들어있고, 기뻐서 마시는 잔엔 헤픔이 들어있다. 심심해서 마시는 잔엔 푸념이 들어있고, 보고파서 마시는 잔엔 애틋함이 들어있고, 반가워서 마시는 잔엔 미소가 들어있다.

마시는 한잔은 늘 똑같지만, 한잔의 이유는 삶과 같이 늘 달라서 짜릿함의 맛도 늘 다르다. 하지만 이유와 맛이 다른들 어떠랴. 그냥 그렇게 그 모든 것엔 사랑이 있고, 우리는 그 모든 것을 사랑하기 위해 또 한잔을 마시는 것이다.

- 산문시

교육

졸다가 칠판 한번 보고
졸다가 교수 한번 보고

수업시간엔
감기약 먹은 것처럼
비실비실 해롱해롱

쉬는 시간엔
박카스 먹은 것처럼
건들건들 말똥말똥

아무 생각 없이
선택한 과목에
몸살 나는 허깨비.

기능장을 먹다

새벽부터 비가 내리고
알코올에 찌든 몸이 잠을 설쳤다.

늘 같은 일상을 배반하고
두서없이 서두른 출근
쓴 커피 한잔으로
두근대는 심장을 다독거리며
느려터진 시계 초침을 째려본다.

동료들과의 잡담에
잠시 깜박이던 시간 속으로
문자가 날아왔다.
"기능장 제59회 최종합격을 축하드립니다."

짜릿한 전율이 번개처럼 스쳐 가고
곤두서는 살갗 위로 번지는 미소 속으로
이제 정말 끝났구나 하는 안도의 한숨

서둘러 홈페이지를 확인하고
빗속을 내달린다.
자격증을 찾으러.

당직

어제는 모임에 갔다가
이슬에 젖어 해롱해롱

오늘은 일직 근무라
출근은 했는데 비몽사몽

일은 산더민데
무엇부터 해야 할지 갈팡질팡

에이 모르겠다, 접어놓고
인터넷만 기웃기웃.

버섯을 따다

기능장을 따느라
삼 년간 산엘 못 갔기에 버섯을 구경도 못 했다.

올해는 비가 많이 와 버섯이 많이 나올 거라는
입소문에 기대도 했지만 나름 능이를 딸 수 있다는
은근한 확신이 있었다.

버섯이야 종류는 많지만 자주 따서 먹는 버섯은
능이, 참나무버섯, 가지버섯, 싸리버섯, 밤버섯
정도로 그리 많지 않다.

시기를 기다려야 함에도 조급한 마음에
너무 일찍 산을 찾아 한번은 헛걸음하고
두 번째 산행에서는 영지버섯과 상황버섯만 따서
내심 실망을 했었다.

그리 크게 기대하지 않았던 세 번째의 산행은
그야말로 엄청난 행운의 연속이었다.
여기도 능이 저기도 능이 눈만 돌리면 능이가 보였다.
산행하면서 이렇게 많은 능이를 본 적이 있었던가.

딱히 누구에게 라고 단정 지을 수는 없지만
그냥 "감사합니다." "고맙습니다."라는 말이 절로 나왔다.
지인에게 나눠주고 능이요리를 만들어 친우들과 함께
정담을 나누며 술 한 잔을 기울이니 사는 냄새가 났다.

멘탈 붕괴

종일 민원전화에 치이다 지쳐
한숨 돌리려 옥상엘 올랐다.

하늘은 오지게 맑아 시리고
뭉게구름은 만물상을 만들고
탁 트인 시야 너머엔
짙푸른 능선 사이로 내리는
햇살이 참으로 곱다.

세상이 이리도 아름다운데
저 투박한 빌딩 숲 사이엔
무슨 일들이 그리도 많기에
왜 그리 지랄들인지
아귀다툼이 따로 없다.

아무리 힘들고 각박하다지만
그래도 살 만한 세상이라고
이만하면 풍족하지 않느냐고
불을 토하듯 악을 쓰고 싶다.
아무것도 아닌 것에
목숨 거는 슬픈 영혼들에게!

산에 오르다

근 2년 넘게 못 가던 산엘
지난달부터 주말마다 오르고 있다.
바닥까지 떨어진 체력이 창피해
근처 산부터 홀로 오르던 산행에
느닷없이 아들이 따라붙었다.

노파심을 놀리듯 가뿐한 아들은
바람 흐르듯 유유자적하는데
주독에 절고 담배에 찌든 이 몸은
숨이 턱을 치받아 가슴이 터질 것 같고
힘겨운 걸음마다 내리쏟는 땀은
등산로를 방울방울 수놓으며 도배를 한다.

모진 세월 살갑게 견디며 살았거늘
남은 건 저질 체력에 똥배뿐이니
가버린 청춘이 눈물겹고
때 이른 노익장이 눈물겹다.

그래도 산을 포기할 수는 없다.
마땅히 잘하는 운동도 없고
좋아하는 운동이 있어도 내키질 않고
그러니 오로지 산에 오를 수밖에.

알코올 중독자

속은 부대끼고 몸은 천근만근
정신은 해롱해롱 천릿길을 간다.

아침이면 늘
오늘은 절대 먹지 말아야지
골백번 다짐하지만

그 다짐이
해가 뉘엿거리는 시간이면
언제 그랬냐는 듯 배신을 때린다.

안 먹어 진짜 안 먹어
하면서 친구를 찾아가고
집에 가자 집에 가자
하면서 술집으로 간다.

누구라도 좋고
친한 친구면 더 좋고
그냥 불러주면 좋고
부르면 선뜻 응해줘도 좋다.

이유가 있으면 좋고
없으면 만들어도 좋고
해가 지니 좋고
알코올이 있으니 더욱 좋다.

어떤 날

일이 손에 안 잡힌다고
투덜대지만

그렇다고 딱히
뭘 해야겠다는 생각도 없어

이걸 해도 시답지 않고
저걸 해도 시답지 않다.

잠시 쉬는 것도
나쁠 것은 없다면서

그것마저도
위로가 되지 않는 시간

그런 시간이 모이는 날이
왜 이리 낯설게 느껴지는지.

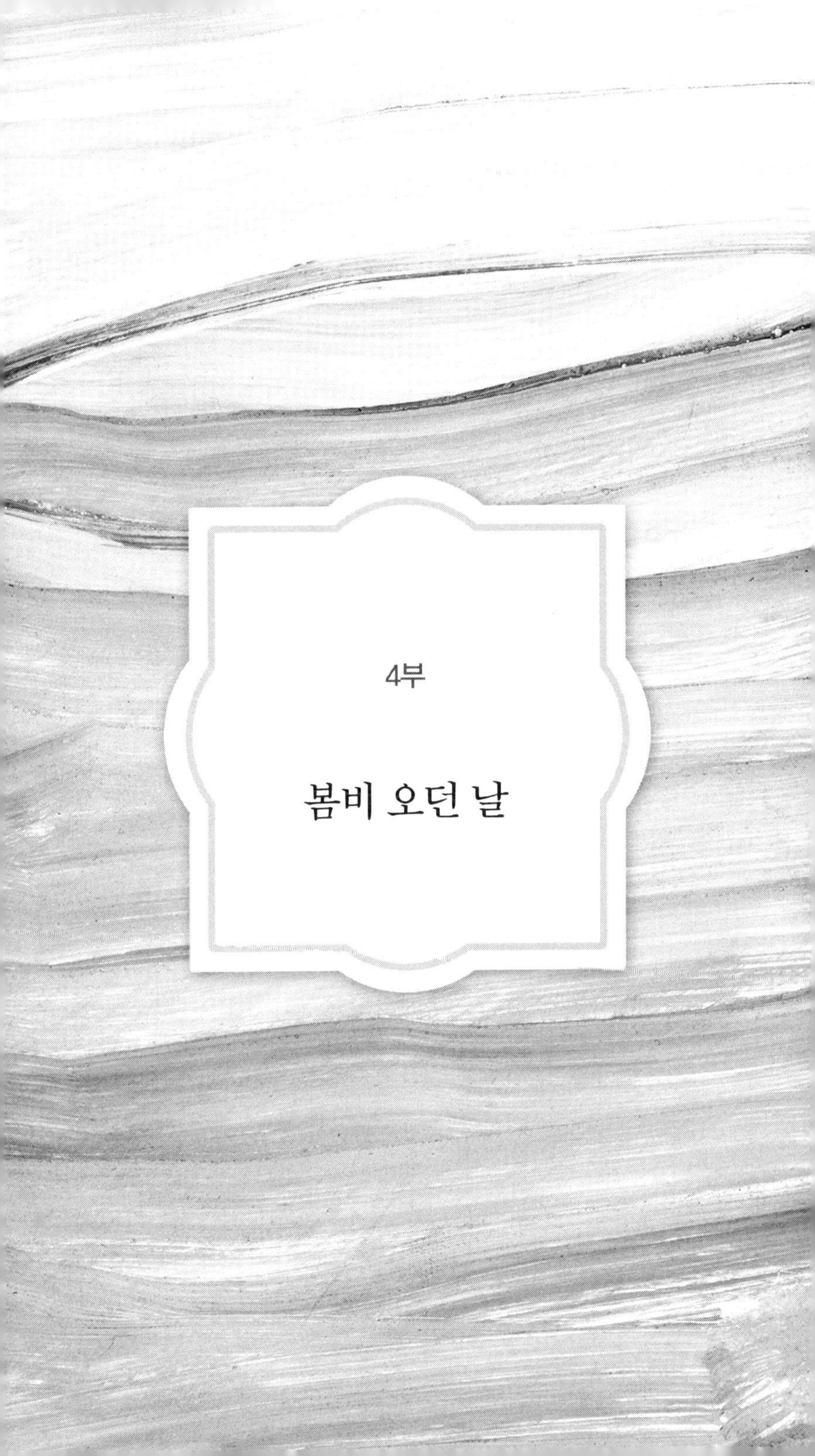

4부

봄비 오던 날

사랑해요,
동행

요즘 이웃

소싯적부터 서로 위해주고 챙겨주며
아쉬운 것 없이 웃으며 살았건만

개발 붐이 일고
땅값이 오르면서
붉으락푸르락
다툼이 다반사다.

내 경계가 여기까지니 치워라, 헐어라
육두문자에 주먹질이 소송까지 주고받고

담장치고 길을 막고
조상님 무덤까지 파헤치고
수돗물도 못 먹게 하고
도시가스도 막아 논다.

이웃은 뒤지건 말건
내 것만 챙기면 그만이고
세상이 망하든 말든
저만 잘살면 된다.

디스크의 연계

한창 일할 때 디스크가 터져
눈물을 흘리며 개고생을 하고
지금도 그 후유증으로
근근이 버티고 사는데

군 복무하는 아들놈이
별다른 이유 없이 디스크가 터져
제 몸 하나 제대로 추스르지 못하고
목발에 의지한 채 근근이 버티고 있다.

성인병이 유전이라든가
불치병이 유전이라든가
하는 이야기는 많이 들었지만
그것도 무슨 벼슬이라고 유전이 되는지

못난 애비는 조상 탓하며
세상 탓하며 신세 한탄만 했는데
그래도 잘난 아들놈은
죽기야 하겠느냐고 유유자적이다.

그래 너는 뭐 하나라도 나아야지
그래서 애비보다는 잘 살아야지
청출어람이 별거더냐 네 마음이
세상을 끌어안으면 되는 게지.

방황의 순례

벌써 한 달 가까이
마음을 가다듬지 못하고 있다.

선머슴 같은 사이비 글쟁이가
고심 끝에 첫 시집을 내고
지인들 축복의 언저리에서
싱숭생숭한 나날을 보낼 무렵

호사다마란 말이 무색하리만큼
어처구니없는 실수로 시험에 낙방하곤
책도 읽지 않고 글 한 줄 쓰지 않으며
술자리만 쫓아다니고 있다.

책을 낸다는 강박관념에
너무 자신하던 시험의 결과가
자괴감으로 이어지면서
심신의 충격이 더욱 크게 온 듯하다.

버려야 하는데
초심으로 돌아가야 하는데
얽히고설킨 매듭을 풀어 금강석을 다듬듯
마음을 곧추세워야 하는데

흐려지고 무뎌진 정신은
아픔을 곱씹으며 자꾸만 벽을 키우고
이제까지의 마음의 빚을 갚으려
헛물만 켜고 있다.

개 되던 날

체육의 날 행사로 홍성 남당항엘 갔다.
출발하자마자 시작된 음주 레이스

집을 나설 때 집사람이
제발 안주 좀 먹으라고 당부하더라 했더니

한 직원은 집사람이
제발 개 되지 말고 오라 했단다.

서산 간월암에 들러
부처님께 인사도 드렸는데
대하, 게, 전어는 어찌 먹었는지 아리송하고

처제네 칼국숫집에선 갈길 멀다고 허둥대며
순대 한 절음에 국수 반 그릇으로
아쉬움을 달랬건만

무사히 돌아온 탕자들은
오늘도 개가 되었다.

봄의 언덕

겨울잠을 깨우는 봄바람이
살랑거린 지 두어 달이 되었건만
아직도 가시지 않는 살바람에
옆구리가 휑하다.

들엔 산수유 개나리
흐드러지고
목련, 살구꽃, 복사꽃
봉오리 탐스럽게 웃고 있는데

이 몸엔 감기몸살, 근육통
흐드러지고
어지럼증, 무력증, 안구통이
멍울멍울 징그럽게 웃고 있다.

봄바람

심신이 찌뿌둥하여
나선 산책길
봄바람이 온다.

지랄 맞던 동장군도
슬그머니 꼬리를 내리고
봄바람이 온다.

실구름 흩날리며
아지랑이 부여잡고
봄바람이 온다.

새색시처럼 새초롬히
수줍게 사뿐사뿐
봄바람이 온다.

하루살이 날갯짓에
등골의 땀방울을 타고
봄바람이 온다.

봄비 오던 날

영산홍이 폭삭 무너지고
아카시아 흐드러지던 날
종일 비가 내렸다.

목마름에 지친 초목들이
지천으로 널브러진 수액을 빨아들이며
시원한 진초록이 되고 있었다.

툴툴거리던 송홧가루
삼삼오오 물길을 따라
그리운 바다로 떠나고

잊혀가는 예쁜 새침데기
그렁거리는 빗방울에 얽혀
물안개로 피어오르고 있었다.

봄 축제

무심히 지나는 산들바람에도 송홧가루 풀풀거리던 날, 세상은 노랗게 하늘거리고, 축제는 곳곳에서 반등하고 있다. 꽃박람회, 철쭉제, 튤립 축제도 모자라 청보리밭에 나비까지 날아들고 일천삼백 도를 넘나드는 불 속에서 꿈으로 승화한 도자기까지 가세한다.

"초대합니다."
"어서 오세요."
"당신을 힐링하세요."
"평생 잊지 못할 추억을 만드세요."

온갖 유혹이 각종 광고매체를 통해 뇌를 어지럽히고, 마음을 흔들어대고, 떠나고 싶어도 떠나지 못하는 이를 미어지도록 아프게 한다. "그냥 가." "이유가 뭐 필요해?" "그게 임도 보고 뽕도 따는 거야." 그렇게 떠나고 싶다, 그런데 눈물이 난다.

- 산문시

봄소식

2월의 끝자락에
아침부터 눈이 내렸다.
이걸 봄눈이라고 해야 하나

봄의 전령인 새싹들과
꽃봉오리도 잔뜩 움츠려
게슴츠레하다.

오전 내내 함박눈이
펑펑거리더니
가랑비가 온다.

이것이 봄비겠지.
이젠 더는 눈은 없겠지
은근슬쩍 강짜를 부려본다.

봄은 노랗다

봄엔 노란 꽃이
세상을 먼저 수놓아

간간히
까불고 지나가는
꽃도 있지만

왠지 알아
깜짝 놀라면
하늘이 노래지니까.

꽃 잔치

갑자기 더워진 날씨에 예상을 훌쩍 뛰어넘어
여기저기 사방팔방에 꽃 잔치가 열렸다.

개나리와 목련이 고개를 살며시 내밀기에
며칠 있으면 활짝 웃겠거니 했는데
하룻밤 사이에 봄꽃들이 모두 핀 것 같다.

산수유, 진달래, 살구꽃, 앵두꽃
할미꽃, 제비꽃, 벚꽃에 이름 모를 꽃들까지
한꺼번에 너무 많은 꽃이 피어 정신이 없다.

그 누가 짐작이나 했겠는가.
이렇게 일시에 꽃들이 동시다발로 봉기할 줄을

차근차근 하나씩 만나서 인사도 건네야 하는데
어느 꽃에게 어떤 말을 전해야 할지
마음의 준비도 없이 전면전을 치르고 있다.

꽃들은 저마다 자기 좀 보아달라고
자태를 뽐내며 활짝 웃고 있는데
당황한 가슴은 말도 없이 벌렁대기만 한다.

꽃샘추위

갑자기 더워져서
봄꽃들이 다투어
기지개를 활짝 켰는데

갑자기 추워져서
봄꽃들이 다투어
바들바들 떨고 있어요.

낯선 하늘엔
서리 맞은 반달이
아침 햇살에 녹고 있네요.

폭염 세일

덥다, 덥다 하니
만만한가보다.

태양은 어디 한번 견뎌보라는 듯
찜통더위 불볕더위 가마솥더위
신종품목들을 만들어
출고하고 있고

더위 몰아내기 1등 공신이던
맥주, 아이스크림은
아이스커피에게 밀려나고
별 볼 일 없던 에어컨이
날마다 매출 기록을
갈아치우고 있다.

내일은, 내일은 하면서
조만간 나아지겠지 하는
기대는 또 허망하게 무너지고
폭염 경보는
오늘도 폭탄세일 중이다.

가뭄 속을 걷다

세상이 가무니
마음도 말라가고

나라가 가무니
몸도 여위어가네

병이 힘들다거나
죽음이 무섭다거나

그건 아닌데
다 부질없는데

구름 없는 하늘이
가없이 슬퍼지네.

강풍 불던 날

오랜 가뭄에
바싹 마른 송화(松花)가
법석을 떨던 날
바람이 불었네.

벗을 만나러 가는 길
벚나무 아가씨
줄줄이 늘어서
아이스케키를 당하고 있었네.

소꿉놀이 하던 놈
이제 다 컸다고
차마 민망하여
눈을 제대로 뜰 수가 없었네.

폭우

고요가 숨을 턱턱 몰아칠 때
물먹은 잿빛 여명 속에서
먹장구름이 푹석 무너졌다.

탁도 504 NTU
온갖 잡쓰레기 섞인
눈먼 황토물이
하릴없이 범람하여
나태한 무구(無垢)의 땅을
할퀴고 간다.

세상도 뒤집히고
대가리도 뒤집히고
1%도 뒤집힌 세상
보통 이하는 썩어 문드러진다.

참새의 아침

휘리릭 휙
통통통

쉴 틈이 없다
참 부산하다

휘리릭 휙
콩콩콩

참 날래다
싱싱함이 튄다.

분재

사각 도자기 화분에
올라앉은 소나무

에스라인 몸뚱이에
휘어진 상처가 번들거리고

곁가지 잘라낸 자리
굳어가는 옹이가 눈에 밟힌다.

가지마다 꿈을 키워
높이 높이 날고팠는데

철사에 꽁꽁 묶여
옆으로 아래로 비틀어진 생(生)

기근과 억압으로 얼룩진 날들
즈믄해가 가도 지울 수 없다.

보름달

문득 밖에 나가보니
달이 떴어.

헤아려 보니 보름이더군
소원을 빌었어.

그런데 왜
달에게만 소원을 빌지

바보, 그건
바라볼 수 있어서야.

번개 나들이

관측 이래 가장 혹독한 폭염과
친구의 원치 않은 휴가로 인한
갑작스러운 번개 나들이

긴 일정은 아니지만
야근 후 쉬지도 못하지만
무작정 사흘에 한 번 떠나는 여행

멋대가리 없는 중늙은이 둘이
달리고 달리며 키득키득
밥 먹으며 낄낄 술 마시며 껄껄

산으로 가고 바다로 가고
계곡도 가고 섬에도 가고
사흘에 한 번은 어쨌거나 힐링.

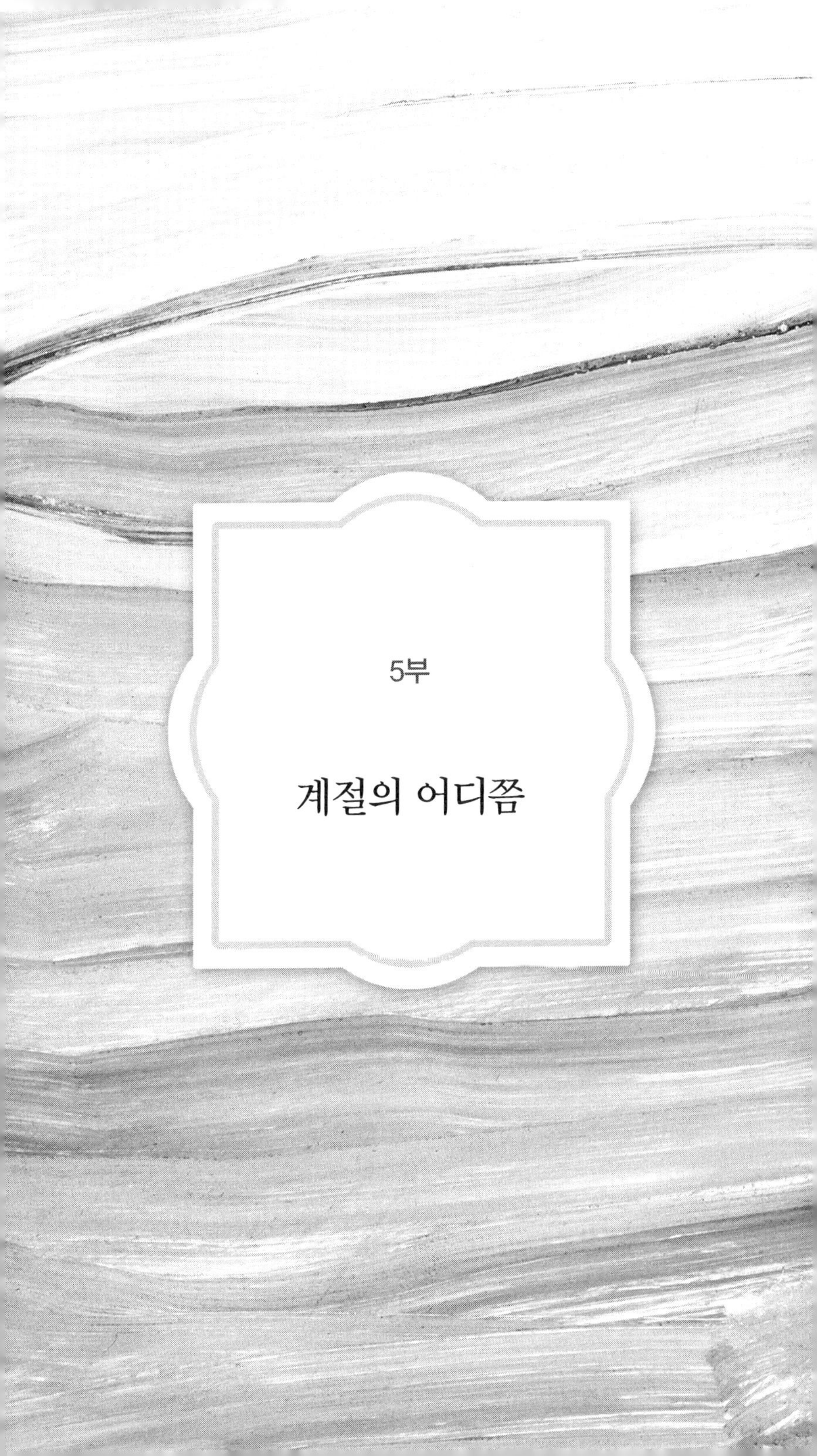

5부

계절의 어디쯤

사랑해요,
동행

석양(夕陽)

아침나절
공 하나가 걸리적대길래

냅다 걷어찼더니

서산에 걸려
불덩이가 되었네.

장맛비

해마다 오는 장맛비
해마다 다른데
올해는 참으로 곰살맞다.

바람도 재우고
천둥 번개도 재우고
조근조근 미소로 속삭인다.

세월은 때 되면
비도 오고 눈도 오는데
우리 님은 때를 잊었는지

오신다는 소식은
옛이야기 되어
장맛비 속에 녹아내린다.

낙뢰

때리는 놈은
아무 생각 없이
때리는 것 같은데

맞는 놈은
응어리가 져
한이 된다네.

그 누구를
그 어떤 것을 정해놓고
때리는 건 아니기에

어쩌다 하는
골질을 말릴 수도
원망할 수도 없다네.

설맞든
제대로 맞든
아픈 건 마찬가지니.

오신다는데

조만간 오신다지요. 오신다는 기약은 없었지만 꼭 오시리라 믿었어요. 가신 지 한해가 다되어 가는 동안 보고 싶은 마음 졸이다가 오신다는 소식을 듣고 얼마나 반가웠는지 몰라요.

그런데 어떡하지요? 기다리다 지친 건 아닌데, 마음이 변한 것도 아닌데, 이젠 제가 떠나게 되었네요. 하지만 언젠가 볼 수 있을 거라는 실낱같은 희망은 두고 갈게요. 떠날 때는 말없이 간다지만 티끌만한 고까운 정이라 생각하세요.

혹여 서운한 마음에 전혀 생각지 않는다 해도 홀연히 기억에서 지운다 해도 그렇게 많이 아프진 않을 거예요. 비록 볼 수는 없지만 살가운 봄바람 같은 추억은 소중히 담아 가니까요.

– 산문시

꼴불견

봄은 새싹이 있어 좋고
여름은 녹음이 짙어 좋고
가을은 결실이 있어 좋고
겨울은 쉬어가니 좋다.

꽃은 예뻐서 좋고
사람은 사랑해서 좋고
자연은 아름다워 좋고
세상은 꼴 같지 않아 싫다.

기록 경신

30일째 이어지는
가마솥더위는
최고기온을 갈아치우고
열대야 수를 갈아치우고

초장만 요란했던
태풍 솔릭은
순간 풍속을 갈아치우고
강수량을 갈아치우고

기다려도 오지 않던
반가운 불청객 늦장마는
국지성 호우를 갈아치우고
또 무엇을 갈아치우려는가

날씨의 기록 경신은
계절마다 계속되는데
우리는 이 최악의 기록을 위해
어떻게 살아왔는지 의문이 인다.

폭염주의보

금방이라도 달걀 한판
삶아질 것 같은 불볕더위
바람 한 점 없다.

채마밭의 채소들도
허리가 구부러져
몸뚱이가 흐늘거리고
나무들도 지쳤는지
꼼짝하지 않는다.

채소들이 몸을 곧추세워
반질반질 한들거리고
나무들이 박수를 치며
덩실덩실 이깨춤을 추어야
바람이 일어날 터인데

그러면 구름도
신이 나서 비라도
한줄기 뿌릴 텐데.

가뭄

비가 안 오면
하늘 탓.

비가 오면
내 덕.

지금은 샤워 중

엘니뇨가 슈퍼맨으로 성장하면서
이상기후도 점점 힘을 키우니
때 아닌 포근한 바람에
메주도 곰팡이가 피고 있는데
11월에 접어들며
근 20일여 비가 오락가락이다.

형형색색 저마다
고운 자태를 뽐내던 단풍들은
연이은 빗줄기가 버거워
여름내 찌든 옷을
훌러덩 벗어 버리고
가녀린 몸매를 드러내고 있다.

간혹 철을 잊어버린 나무는
우듬지에 몽우리를 세우기도 하지만
다음 봄의 더 싱싱한 푸름을 위해
다음 가을의 더 화려한 단풍을 위해
나무들은 서로를 살갑게 보듬으며
오늘도 아침부터 샤워 중이다.

낙엽

만산홍엽에
천지가 들썩이지만
무상한 세월은
아쉬움을 모른다네.

갈바람에 하늘거리며
찬바람에 뒹굴뒹굴
후회 없이 미련 없이
홀연히 털고 가네.

상큼한 봄을 기약하며
따스한 햇볕을 고대하며
불덩이 끌어안고
겨울 속으로 달려가네.

입추

입가에 번지는
미소를 따라

추억을 기억하는
가을이 온다.

가을

구름아
네 무삼 일로
어델 가느뇨?

내 마음
속절없이
단풍 드는데.

가을 단상

고추잠자리 찬바람에 시들거리고
갈참나무 자식들 다 버리며
낙엽으로 나비춤 출 때
황금들녘 황톳빛으로 물들었다.

소나무 털갈이에 바늘 밭이 소복거리고
단풍나무 피멍으로 속울음 울며
빈 남자 황혼을 다독거릴 때
귀뚜라미 이슬로 가을을 탄다.

가을하늘

구름 한 점 없으니
금방이라도
쨍그랑하고
쏟아질 것 같아
신경질이 난다.

가을맞이

말복이가 가면서
바람을 데려왔다.

다음날은 칠석이라고
견우직녀 날이라고

삼복의 불볕더위도
바람에 날려버리고

끈적거리던 열대야도
바람으로 걷어버리고

오작교의 예쁜 만남을
갈바람으로 다독거린다.

가을 소풍

능이도 따고
참나무 버섯도 따고

산 밤도 따고
다래도 땄는데

야근하고 돌아치니
몸이 천만 근

알레르기 비염도 도져
눈이 시큰 콧물은 줄줄

구절초를 본 듯한데
코스모스도 본 듯한데

아무리 더듬어도
기억은 오간 데 없고

여기저기 가을은 아우성인데
성근 가슴은 느낌도 없다.

바람

바람은 소식을 전해주는
나만의 우체부

사랑하는 사람들이
소식을 접하여 걱정을 덜면
그제야 한시름 놓네.

바람아, 너는 이 세상
모든 이에게 소식을 전해 주는
사랑의 배달꾼이 되려무나.

※ 아들이 쓴 시를 살짝 다듬었음.

가을은 바쁘다

파랑아!
근두운 어디 갔니?
얘가 삐졌는지 영 안 보이네.

며칠 전에 휴가 간다며
짐 싸던데

뭐~, 휴가?
난 휴가 가란 적 없는데
제 맘대로 가

몰라, 내가 너무 파라서
재미가 없다나 뭐라나

이런 젠장
그놈이 우울증이라도 왔대?

하긴 요즘 네가 바쁘다고
안 놀아줬잖아

장난해?

나 진짜 바쁘다고

가을이잖아, 가을!

계절의 어디쯤

출근길에 아파트 현관을 나서며
문득 화단을 보니 새싹이 돋아나고 있었다.
영하의 기온인데 새싹이라니
새삼 생명의 위대함을 보는 듯하다.

이제 머지않아 싹이 자라고 꽃이 피리라.
그러면 세상은 또 푸르름에 물들겠지.
무더위 속에서도 생명은 우거지고
결실의 계절은 또 그렇게 겨울을 준비하겠지.

사계의 오묘한 조화 속에
봄은 봄대로 여름은 여름대로
가을은 가을대로 또 겨울은 겨울대로
저마다 자기의 몫을 거뜬히 해내고 있다.

나고 자라서 가정을 꾸리고 늙어가는
사람의 모습도 계절과 닮은 것 같은데
올해로 오십 중반에 들어선 나는
어느 계절의 어디쯤 와 있는 것일까.

아직 가을의 끝자락은 아닌 듯한데
마음은 왜 이리 뜬금없이 허망한지
제발 이제 무더운 여름이 지났기를
그리하여 내게도 결실의 계절이 오고 있기를.

또한 너무 과한 욕심이 아니기를
이 아침 새싹을 바라보는 마음으로 기원해 본다.

단풍

입동(立冬)이 지나
소설(小雪)이 다가오는데
겨울은 아직 먼 이야기인 듯
여름 내내 그렇게 인색하던 비가
연 사흘 내리고 있다.

미세 먼지는 음산한 얼굴을
먹장구름 속으로 들이대고
소춘(小春)의 따뜻한 햇볕을
은근슬쩍 밀어내며
안간힘의 늦가을을 퇴색시키고

바쁜 일상의 군상은
비 오는 날의 아침이 반갑지 않아
저마다 우산 속에서 종종걸음을 치는데
밤새 흠뻑 젖은 단풍잎이
주인을 기다리는 자동차를 덮어버렸다.

오매, 차가 온통 단풍 들었네!

6부

눈이 나립니다

사랑해요,
동행

첫눈

상고대가 기승을 부리며
꽃눈을 간지럽힐 때도
나 몰라라 하더니

조금은 답답하고 쓸쓸한 날
찬란한 어둠과 함께
첫눈이 펄펄거렸다.

예년보단 이른 동장군의 입김에
기다림보다 늦은 눈이
그리움처럼 쌓이고

스널거리는 물안개처럼
아련한 아픔이 피어올라
발자국마다
이슬 하나씩 묻으며 간다.

눈사람

눈물이 많아서
눈사람이래.

눈 오면
님 만나려
사람 되지만

님은 또
가야 하기에

보내기 싫어
온통 눈물
된다는 가 봐.

정월 대보름

천지인(天地人)이 합일하고
사람을 받들어 일을 이루며
모든 민족이 하늘의 뜻에 따라 화합하고
생생력(生生力)으로 풍요를 상징하는 날

새벽에 일어나 귀밝이술을 마시고
부럼을 깨물어 병마를 몰아내고
더위를 팔아 삼복을 이겨내고
오곡밥과 약식을 먹으며 배부름을 기원하고

지신밟기, 달집태우기, 쥐불놀이
윷놀이, 줄다리기, 연날리기하며
못된 귀신을 몰아내어 풍년을 기원하고
달맞이를 하고 복조리를 걸어 복을 빈다네.

이제는 점점 퇴색해가는 설날과 한가위같이
슬그머니 조금씩 잊혀져가는
태곳적부터 내려오던 민족의 명절
언제까지나 되살리고픈 우리의 명절.

눈이 나립니다

눈이 나립니다.
문득
알 수 없는 전율이
온몸을 적시며
눈시울이 촉촉해집니다.

또렷이 그 어떤 대상도
그릴 수 없는데
막연히
보고 싶은 사람을
보지 못해 슬퍼지는
그런 느낌이 듭니다.

눈이 나립니다.
환호성을 지르며 눈밭을 뒹굴던
어린 시절이 홀연히 다가와
송이송이 떨어지는 함박눈으로
구슬을 꿰듯 정성 들여
그리움의 실타래를 엮어봅니다.

눈이 나립니다.
밀짚모자에 싸리비를 든
통통한 아저씨의 해맑은 웃음에
가만히 두 손을 모아 봅니다.
꽁꽁 언 손 위에 하얀 눈송이가
차갑다는 느낌보다
포근하다는 감정이 앞서는 것은
내 마음속에 정(情)이
조금은 담겨 있기 때문인가 합니다.

눈이 나립니다.
어둠이 젖어 드는 대문가에
넉가래를 살포시 기대놓고
사르륵 사르륵
쌓이는 눈을 바라보며
근심스런 눈길을 보내는 것은
받는 것보다 주는 것이
행복한 사랑이란 걸
알아가고 있는 까닭입니다.

1월이 가기 전에

묵은해를 보내고 새해가 되었거늘 마음은 아직도 늪을 헤매고 있다. 날씨도 겨울을 잊어버렸는지 목련이 피었네, 개나리가 피었네 하고 육신도 묵은 때를 벗지 못하고 독감이 들었네, 상문이 들었네 하며 지랄이다.

새해는 새 마음으로 맞고 새 마음은 새 포대에 담아야 하거늘 세월 따라 세상도 낡아 버리고, 세상 따라 마음도 낡아 버리고, 마음 따라 육신도 낡아 버렸다.

진저리나는 세상. 진저리치며 떨쳐버리고 싶다. 진저리나는 심신 진저리치며 떨쳐버리고 싶다. 어쩌면 진정 모든 걸 놓아 버리고 싶다. 이 겨울이 가기 전에 아니 1월이 가기 전에.

- 산문시

겨울비 1

두 차례 눈이 쌓이고
하얀 세상 위로 비가 내렸다.

꽁꽁거리는 엄동설한에
불청객처럼 불쑥 찾아온 비는
쓸쓸하다기보다 안타까웠다.

한여름 장맛비보다
철저히 매정해 보이는 비가
왜 이리도 구차해 보이는지

겨울왕국의 포근한 눈 속에서
잠을 자는 새싹들은 어쩔 것이며
파리한 꽃눈은 또 어쩔 것인가

아픔만큼 성숙해진다지만
세월의 끝자락에 내리는 비는
가슴을 쿡쿡 찌르는 갑의 횡포였다

아무리 그래도 봄은 올 거라고
서러움 부여안고 뜨겁게 외쳐본다.

겨울비 2

동장군이 성깔을 부리는
소한(小寒)이 지나기 바쁘게 또 비가 내린다.

매정한 불청객이라고
박대한 지 며칠 지나지 않았는데
이번 비는 왜 이리도 반가운지

중국 발 황사와 초미세먼지에
한반도의 생명을 위협하는
불쾌하고 씁쓸한 날씨가
겨울을 가차 없이 무시하고
소나기라도 펑펑 쏟아졌으면
하는 간절함으로 이어진 듯하다.

가슴에 박하를 넣은 듯 시원하다
삼년 묵은 체증이 내려간 것처럼
후련함이 함박눈처럼 펑펑거린다.

계절을 가리지 않는 마귀가 있는 한
계절답지 않은 겨울비도
이젠 더 이상 미워하지 않으련다.

눈 타령

눈이 무식하게 내려
눈길을 걷고파
눈꽃무늬 외투를 걸치고 나가니
눈 위를 걷는 것인지
눈 속을 걷는 것인지
눈에 힘을 주어 봐도
눈에 보이는 건 눈뿐이라
눈만 부셔 눈물이 난다.
눈 속을 헤매다 보니
눈동자에 어리는 님이 있어
눈을 굴려 님을 닮은
눈사람을 만들어 놓고
눈불이 나도록 님을 불러 보지만
눈 속에 님은 보이지 않고
눈이 내가 되고 내가
눈이 되고
눈은 님이 되고 님 또한
눈이 되고
눈은 눈이 되어
눈 속에 눈만 남는다.

눈꽃 피던 날

입춘이 코앞인데 눈이 내렸어. 그것도 엄청나게 많이. 거기다 한파주의보까지 더했지. 그런데 누군가 부르는 것 같아서 갑갑증을 못 이기고 무작정 나왔지. 세상이 온통 눈 속에 갇혀 있었어.

한참을 걸은 것 같은데 어디서 소곤거리는 소리가 들리는 거야. 돌아보니 강기슭에 소나무 가족이 있었어. 그들은 눈꽃을 만들고 있었어. 하늘거리는 눈을 다듬기 여념이 없었지. 그때 아기 나무가 말을 하는 거야.

“아빠! 나도 눈꽃을 많이 만들고 싶어.” “엄마! 나에게도 눈을 좀 나눠 줘.” 아빠 나무, 엄마 나무는 빙그레 웃으며 “그래그래 우리 아기 착하구나.” “하지만 너무 욕심부리지 말거라.” “너도 어른이 되면 멋진 눈꽃을 만들게 될 거란다.”

소나무 가족들은 펄펄 거리는 눈 속에서 행복한 웃음과 함께 눈꽃을 계속 만들었어. 그리고 눈은 계속 내렸지.

– 산문시

눈 오는 날

하늘에서 방아를 찧는지
곱디고운 떡쌀 가루가
쉼 없이 풀풀 거려
세상이 온통 방아타령이다.

삼 년 간수 뺀
천일염을 곱게 갈아
떡쌀 가루에 넣어
찰진 시루떡을 만들고 싶다.

낚시를 가다

새벽 세 시
서산 삼길포항
하늘이 참 맑다

하늘은 다 같은
하늘인 줄 알았는데
이곳 하늘은 좀 다른지

우리 동네 하늘보다
별이
열 배는 많은 것 같다

스카이댄서

전자제품 가게 앞 스카이댄서
정신없이 춤을 춘다.

삼복 푹푹 찌는 폭염도
밤새 끈적이며 달라붙는 열대야도
아랑곳없이 쉬지 않고 춤을 춘다.

넘어질 듯 자빠질 듯 휘청거리며
언제까지나 웃음을 잃지 않고
지친 기색 없이 열정을 다해 춤을 춘다.

메마른 세상에 찌든 사람들에게
많이 힘들어도 조금만 참으라며
날 좀 보라고 여길 좀 보라고 춤을 춘다.

신세 한탄 그만하고
세상 탓 그만하고
내일을 꿈꾸며 신바람 나게 살아보자고
미친 세상 비웃으며 미친 듯이 춤을 춘다.

비 내리는 이유

별들이 모여 은하수가 되고
은하수가 모여 하늘이 되었대.

하늘에서 비가 내리는 건
별들이 눈물을 흘리는 거래.

이유는 모르지만
별들도 가끔은 슬프다는 거야.

비가 오네요

비가 오네요.
오지 않을 거라 알지만
혹시나 혹시나 하고
자꾸만 기다려지네요.
아니야 아니야 하면서도
행여 불쑥 저 빗속을 헤치고
당신이 오실 것만 같아서요.

비가 오네요.
창문을 두드리는 빗방울 소리가
하염없이 다정하게 다가와
꼭 당신의 목소리 같네요.
가볼까 가볼까 하다가
행여 털썩 주저앉을 것만 같아
설레는 가슴만 미어지네요.

우산

잊고 있었어
고마웠지만

미안하다는 말
생각도 못 했지

늘 곁에 있다고
느꼈나 봐

너를 찾았지
아무 데도 없었어

보고 싶다는 말
해도 될까

지금 비가 와
용서해줘

〈발문〉

발상의 신선함과 표현의 멋

- 박덕균 2시집의 작품을 감상하고 -

문학평론가 리 헌 석
사단법인 문학사랑협의회 이사장

1.

〈나 이제 솔바람처럼 살리라./ 머무름이 길면 눈물이 있어 / 삿된 욕심일랑 벗어 버리고/ 한줄기 솔바람 되어 살리라.〉고 건강한 시심을 노래한 박덕균 시인의 「작은 소망」을 읽으며 안분지족(安分知足)하는 내면과 정서를 공유한 바 있습니다. 2015년에 그의 1시집 『송전탑은 거기에 있었다』를 읽으며, 스스로 정화되는 체험을 하였던 터라, 그의 작품에 대한 기대치가 꽤 높았던 것으로 기억합니다.

그 작품 감상의 여운이 가시기도 전에 100여 편의 창작시로 2시집 『사랑해요, 동행』을 발간하기에 이르러, 독자들보다 먼저 원고를 읽어 보았습니다. 대부분의 작품에서 순수한 시심을 담아 서정시의 전범을 오롯하게 보여주었습니다. 〈하늘에서 방아를 찧는지/ 곱디고운 떡살가루가/ 쉼 없이 풀풀 거려/ 세상이 온통 방아타령이다.〉에서 동심의 정수(精髓)를 보인 뒤, 이를 바탕으로 〈삼 년 간수 뺀/ 천일염을 곱게 갈아/ 떡살 가루에 넣어/ 찰진 시루떡을 만들고 싶다.〉는 시인의 지향은 웅숭깊은 바가 있습니다.

2.

박덕균 시인은 발상의 싱그러움을 작품에 담습니다. 같은 사물을 마주하면서도 독자적 형상화를 이룹니다. 「태극기 2」에서 시인은 〈여보!/ 태극기가 쭈그렁바가지야.// 걔도 늙어서 그래.// 그럼 복지혜택 받나?// 해주겠지.// 세금 또 오르겠네.〉라고 '해진 태극기'를 보면서 부부가 나눈 대화 형식의 작품입니다. 아내가 먼저 말하였을까, 태극기를 '쭈그렁바가지'라고 하는 것도 사람과 동일하게 인식한 의인화이며, 늙어서 그렇다는 말에 '그럼 복지 혜택 받나?'라는 것 역시 언롱(言弄)의 성격을 띤 의인화입니다.

낡은 태극기가 노인과 마찬가지로 복지혜택을 받는다는 말에 '세금 또 오르겠네.'라는 발상은 생활 속의 유머(humor)면서, 사회 비판적 시각을 드러내는 놀라운 발상입니다. 이는 최근에 사회 여러 분야에 복지 혜택을 늘리고 있는 정부 정책에 대한 유머러스한 비판입니다. 복지 혜택은 무상(無償, 공짜)이 없습니다. 누군가는 세금으로 납부해야만 복지가 이루어집니다. 이런 인과 관계를 잘 알고 있는 시인은 무상 복지가 두려울 정도로 급격히 확대됨을 경계합니다. 이와 함께 현재 나라의 지도자들에게 유머러스한 펀치 한 대를 가격한 셈입니다.

아침나절
공 하나가 걸리적대길래

냅다 걷어찼더니

서산에 걸려
불덩이가 되었네.

— 「석양(夕陽)」 전문

주제를 강조하는 것도 아니고, 사회 비판적 시각이 뚜렷하지 않으면서도, 어린이다운 발상으로 동심의 순수를 작품화하여 감동을 공유하게 합니다. 이러한 발상은 「참새의 아침」에서도 드러납니다. 〈휘리릭 휙/ 통통통// 쉴 틈이 없다/ 참 부산하다// 휘리릭 휙/ 콩콩콩// 참 날래다/ 싱싱함이 튄다.〉 등에서 동심이 투영된 건강한 시심을 노래합니다. 참새들의 걸음걸이에서 '싱싱함'을 찾아내는 시인의 감각 역시 뛰어납니다.

그러나 박덕균 시인이 단순하고 감각적인 표현이나 동심을 담아내는 단편적 형상화에만 능한 것은 아닙니다. 대화와 산문시의 형식이 융합된 작품에서 문학적 자질을 유감없이 발휘하고 있습니다.

무심히 지나는 산들바람에도 송홧가루 풀풀거리던 날, 세상은 노랗게 하늘거리고, 축제는 곳곳에서 반등하고 있다. 꽃박람회, 철쭉제, 튤립 축제도 모자라 청보리밭에 나비까지 날아들고 일천삼백 도를 넘나드는 불 속에서 꿈으로 승화한 도자기까지 가세한다.

"초대합니다."

"어서 오세요."
"당신을 힐링하세요."
"평생 잊지 못할 추억을 만드세요."

온갖 유혹이 각종 광고매체를 통해 뇌를 어지럽히고 마음을 흔들어대고, 떠나고 싶어도 떠나지 못하는 이를 미어지도록 아프게 한다. "그냥 가." "이유가 뭐 필요해?" "그게 임도 보고 뽕도 따는 거야." 그렇게 떠나고 싶다, 그런데 눈물이 난다.

— 「봄 축제」 전문

이 작품은 아름다운 봄날에 나들이조차 떠나지 못하고 사무실에서 근무하는 '서정적 자아'의 불편한 심리를 동기화하고 있습니다. 구체적으로 설명하지 않아도 이해할 수 있는바 〈그렇게 떠나고 싶다.〉 〈그런데 눈물이 난다.〉 두 시구(詩句)에서 박덕균 시인의 절실한 내면을 확인합니다. 봄에 느낀 정서적 충격을 노래한 시에서 그랬듯이 겨울을 노래하는 작품에서도 동질적 정서가 발현되고 있습니다.

〈상고대가 기승을 부리며/ 꽃눈을 간지럽힐 때도/ 나 몰라라 하더니// 조금은 답답하고 쓸쓸한 날/ 찬란한 어둠과 함께/ 첫눈이 펄펄 거렸다.// 예년보단 이른 동장군의 입김에/ 기다림보다 늦은 눈이/ 그리움처럼 쌓이고/ 스멀거리는 물안개처럼/ 아련한 아픔이 피어올라/ 발자국마다 / 이슬 하나씩 묻으며 간다.〉고 노래한 「첫 눈」은 표현의 멋이 살아나는 작품입니다. 특히 〈찬란한 어둠과 함께/ 첫눈이 펄펄 거렸다.〉의 역설적 시학은 아무나 찾아낼 수 있는 문학적 특질이 아닙니다. 또한 〈늦은 눈이/ 그리움처럼 쌓〉인다는 표현이나, 〈발자국마다/ 이슬 하나씩 묻으며 간다.〉는 비유와 상징은 '천상 시인일 수밖에 없는' 박덕균 시인만의 달란트(talent, 재능)에 틀림없습니다. 그의 시각은 단형 시로 형상화될 때 촌철살인(寸鐵殺人)의 경지를 구현하기도 합니다.

방충망을 제치니

세상이 참 맑다.

—「베란다」 전문

방충망은 생활에서 유용한 사물입니다. 벌레가 들어오지 못 하도록 막아주는 기능을 하기에 과거처럼 모깃불을 피우지 않아도 쾌적한 수면을 취할 수 있습니다. 그러나 너무 촘촘한 방충망은 밖의 사물을 흐리게 하기도 합니다. 청소를 하거나 환기할 때 방충망을 열어보면 흐린 날씨가 갑자기 환해진 것 같은 착각에 빠질 때가 있습니다.

이러한 1차적 현상이 작품 창작의 바탕이지만, 이에서 상상력이 멈춘다면, 그것은 시의 참 맛을 발현시키지 못한 것입니다. 우리의 눈을 흐리게 하는 세상의 여러 요소들을 비유적 · 상징적으로 노래한 작품이기 때문입니다. 이러한 형상화를 통하여 시적 성취를 이루는 것, 이것이 박덕균 시인만의 문학적 차별성입니다.

3.

박덕균 시인은 나라와 겨레의 미래에 대한 원대한 소망을 간직한 분입니다. 우리나라의 표상이면서, 온갖 고난을 극복하면서 겨레가 지켜온 태극기에 무한한 사랑을 담아내고 있습니다. 이는 우리의 삶과 직결되어 있어, 우리 스스로 태극기에 대한 새로운 시각을 견지하게 합니다. 「태극기 2」에서도 시인의 내면을 확인해 보았지만, 「태극기 1」은 더욱 선명한 의지를 발현합니다. 〈광복 80주년/ 평상시 깜박하던/ 태극기를 전날 달았다.// 자기야!/ 태극기가 구겨졌잖아/ 다려서 걸어야지// 냅둬,/ 태극기도 맘이 아파서 그래/ 세상이 다리미로 다려지냐?〉라고 형상화합니다.

이는 정치하는 사람들의 행태가 위민(爲民, 백성을 위함)이어야 함에도 불구하고, 위민(僞民, 백성을 거짓 위함)을 일삼는 것에 대하여 비판하는 촌철(寸鐵)입니다. 이와 같은 준열(峻烈)함은 쉽게 형성되는 것이 아닐 터, 나라를 사랑하는 시인의 내면이 자연스럽게 표면화한 것입니다. 그는 어둔 사회에 순응하고 살면서도, 내면에서는 애국 애족의 마그마(magma)가 분출하는 시인이어서, 〈세상 그 무엇도 거칠 것 없는/ 한 줄기 바람〉이고 싶다는 의지를 다집니다.

그러면서도 아내와의 만남 34주년을 기리기 위하여, 작품 「12410」을 빚은 시인입니다. 그 긴 시간을 동고동락하면서 절실한 '삶의 몸부림'을 작품으로 승화하리라 믿습니다. 하여, 밀물처럼 밀려오는 감동의 공유를 기대하며, 박덕균 2시집의 작품 감상을 마칩니다.